AF554737

AD. ROYANNEZ

Y A-T-IL UNE QUESTION SOCIALE?

Lettre familière à Jacques Bonhomme

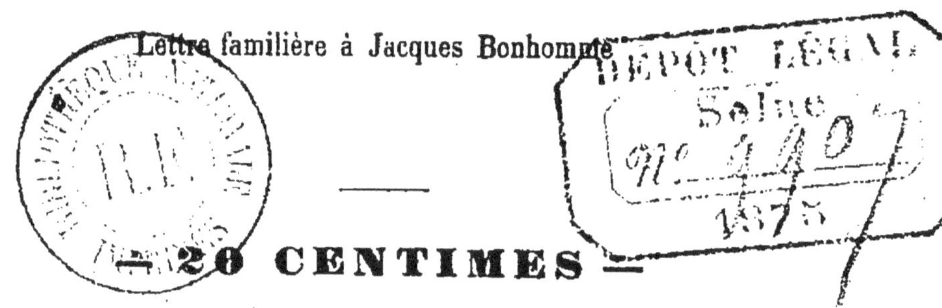

— 20 CENTIMES —

PARIS

LIBRAIRIE CONTEMPORAINE

LAVÉRINE et Ce, Éditeurs

31, BOULEVARD SAINT-MICHEL, 31.

1876

Y A-T-IL
UNE QUESTION SOCIALE

Mon Cher Jacques,

Bientôt va sonner l'heure où la parole te sera rendue et où tu pourras choisir de nouveaux mandataires pour régler à ton gré la chose publique. Afin que tu puisses te prononcer en parfaite connaissance de cause, sans te laisser exploiter ou effrayer par les prétendus habiles ou modérés, toujours prêts à jeter les hauts cris contre certaines idées, je me propose d'examiner avec toi les points réputés les plus brûlants du programme réellement radical, ce programme si juste et si logique, dont les soi-disant conservateurs s'amusent à te faire un épouvantail, un « spectre rouge », comme l'on disait jadis, au temps de 1848.

Prenant hardiment le taureau par les cornes, et abordant tout de suite la question qui divise le plus le parti républicain, je chercherai aujourd'hui avec toi s'il y a une question sociale. Les uns disent oui ; les autres, non. Or, quelle que soit l'autorité qui s'attache à la parole de ces derniers, j'estime qu'il n'y a réellement au monde que cette seule question, la question sociale, dans laquelle se résument et à laquelle aboutissent toutes les autres : politique, morale et religieuse.

En effet, pour que l'on puisse discuter sur quoi que ce soit, sur Dieu ou sur l'athéisme, sur l'esprit ou sur la matière, sur le despotisme ou sur la liberté, sur la République ou sur la Monarchie, il y a une première question préalable à résoudre, une question qui prime et domine toutes les autres, à laquelle il doit être d'abord répondu d'une façon satisfaisante pour tous, et cette question est celle de vivre.

Avant tout, il faut vivre ; or, pour vivre, *il faut manger et avoir de quoi manger.*

Ce que je te dis là, mon cher Jacques, n'est peut-être pas très poétique ou très relevé ; c'est même, comme on ne manquera sans doute pas de te le faire observer, bien plat, bien terre-à-terre, bien trivial ; j'en conviens sans peine. Mais qu'y faire et que veux-tu ?

Si c'est la vérité, puis-je faire que cela ne le soit pas et puis-je ne pas le dire ?

Faudrait-il donc, pour plaire aux cultivateurs de fleurs de rhétorique, aux abstracteurs de quintessence habitués à se perdre dans les nuages, oublier les conditions essentielles de la vie humaine et en méconnaître, en dédaigner les impérieuses exigences matérielles ?

Mais, à ceux qui te diront, mon cher Jacques, qu'il est trivial de faire cas de la question de manger, réplique en demandant si, pour ne jamais tomber dans la trivialité, dans la « bestialité », ils consentiraient, ayant faim, à rester huit jours sans prendre aucune nourriture. A leur réponse, tu pourras juger s'ils dédaignent en réalité, autant qu'ils ont l'air de le faire, la satisfaction des appétits et des besoins matériels de l'existence.

Oui, quoi qu'en puissent penser les prétendus philosophes spiritualistes et sentimentaux, la principale question, la première de toutes, celle sans laquelle les autres n'existeraient pas, c'est celle *du ventre*, — pourquoi avoir peur de dire le mot ? — et la première chose qu'une société bien organisée et bien ordonnée ait à faire, c'est d'assurer à chacun de ses membres le *pain quotidien*, ce pain que les chrétiens, dans leurs prières, demandent chaque matin, avant toute autre chose, à leur père qui est aux cieux.

Ceux-là même qui, dans leurs écrits ou leurs discours, paraissent le plus faire fi de la question matérielle de manducation seraient bien marris, bien empêchés, si on les condamnait à vivre sans manger.

Pour être artiste, poète, musicien, philosophe, prêtre, architecte, avocat ou même journaliste *bien pensant*, au service de la cause de l'*ordre moral*, du trône et de l'autel, il faut manger, tout comme pour être manœuvre, artisan ou laboureur.

On ne peut pas plus faire de tableaux ou de statues, de vers, de musique, de métaphysique, de sermons, de plaidoyers, de plans de palais ou de chaumière, et d'articles de saint *éreintement* ou de pieux *engueulement* contre les républicains et les socialistes, en ayant toujours le ventre creux, qu'on ne peut, dans les mêmes conditions physiques, manier le marteau, le rabot, la pelle, la pioche, la bêche ou la charrue.

Même pour pratiquer le patriotisme, cette vertu qui a fait défaut à tant de gens pendant notre guerre contre la Prusse, même pour être patriote et défendre son pays contre l'envahisseur étranger, il faut manger et n'avoir pas toujours l'estomac vide.

J'admets volontiers, mon cher Jacques, qu'il est plus noble et plus beau de scander des vers héroïques, de composer des hymnes patriotiques, de chanter la messe ou les vêpres en grande pompe, d'aligner des mots dans les colonnes d'un journal et de combattre l'ennemi de la patrie, que de mastiquer du pain ou quoi que ce soit. Mais allez donc faire l'une quelconque de ces choses sans jamais vous rien mettre sous la dent !

En supposant, — ce qui est beaucoup supposer, — que l'imagination, la tête et le cœur pussent se contenter d'un tel régime négatif; en admettant, — ce qui est trop admettre, — que l'intelligence et la volonté pussent conserver leurs forces, concevoir et vouloir, l'estomac restant toujours creux et vide, le corps, lui, tomberait d'épuisement et refuserait d'exécuter ce que l'intelligence concevrait, ce que la volonté voudrait.

Or, comme c'est le corps qui agit, il s'ensuivrait que l'intelligence et la volonté, en les supposant non éteintes par la faiblesse du corps, se trouveraient paralysées en fait, ne pourraient se faire obéir, et que le résultat final serait absolument comme si l'intelligence et la volonté n'existaient pas.

On dit, je le sais, que l'esprit est au-dessus de la matière, et l'âme au-dessus du corps.

Sans m'arrêter ici, — ce qui m'entraînerait

trop loin, — à prouver que la pensée n'est qu'un produit de la matière cérébrale et que l'esprit et l'âme s'éteignent et disparaissent avec la vie du corps, j'admettrai momentanément, pour être agréable à ceux qui éprouvent de la répugnance à voir donner la priorité à la question de manger, j'admettrai momentanément, dis-je, mon cher Jacques, la suprématie de l'esprit et de l'âme sur la matière et sur le corps.

Eh bien! après? Est-ce que cela empêchera le corps d'avoir faim à ses heures?

Certes, ce n'est pas la proclamation de la superiorité de l'esprit sur la matière ou de l'âme sur le corps qui empêchera les estomacs de crier famine, quand le besoin de manger se fera sentir; et, tant que ce besoin de manger ne pourra pas être partout et pour tous régulièrement et équitablement satisfait, il y aura une question sociale.

Pour en revenir, — afin de ne te laisser aucun doute, — à la suprématie de l'esprit sur la matière et me placer au point de vue de ceux qui définissent l'homme « une intelligence servie par des organes », je comparerai le *roi de la création* — joli roi, vraiment! qui est toujours l'esclave de quelqu'un ou de quelque chose — à une locomotive, dont l'esprit sera l'agent qui en fait mouvoir les organes, comme la vapeur d'eau est l'agent qui en fait marcher les pistons, les engrenages et, par suite, les roues.

Mais, alors, — remarque bien ceci, mon cher Jacques, — j'arriverai à cette conclusion, conforme à ce que je t'ai déjà dit plus haut :

De même que, pour faire de la vapeur d'eau, afin de mettre la machine en mouvement, il faut de la chaleur, et que cette chaleur ne peut être produite que par un calorique ou un combustible quelconque, bois ou charbon, de même aussi, pour que l'esprit, l'intelligence puissent se servir de leurs organes, il faut à ceux-ci un calorique qui les entretienne en état de se mouvoir; en d'autres termes, il faut de la nourriture à l'estomac de l'homme, comme des aliments à la chaudière et au foyer de la machine.

De même qu'une machine sans eau, sans charbon et sans feu reste sans vapeur et inerte, de même aussi un corps sans nourriture reste sans intelligence et inerte, jusqu'au jour où il s'éteint complétement et meurt d'inanition.

Peut-être trouveras-tu, mon cher Jacques, que j'insiste avec trop de complaisance sur le côté matériel de la vie, sur la question du *ventre*. Mais j'y suis bien forcé, puisque, en résumé, toute la question, pour toi comme pour moi, comme pour l'humanité tout entière, se réduit à ceci : MANGER POUR VIVRE.

Il faut donc, pour assurer l'existence à l'humanité, assurer l'existence à chacun de ses membres.

Toute la question, pour chaque homme, pour chaque individu, est donc celle-ci : être ou n'être pas, vivre ou ne pas vivre, avoir quelque chose ou n'avoir rien du tout, MANGER OU MOURIR DE FAIM.

Et il y a des gens qui meurent de faim ou qui se suicident, pour ne pas se conserver la vie au prix d'un crime ou du déshonneur.

Les exemples abondent et je pourrais, si l'espace dont je dispose ici me le permettait, t'en citer des milliers à l'appui de cette assertion, dont tu reconnaîtras d'ailleurs l'exactitude, pour peu que tu lises les *faits divers* des journaux.

Je reviens donc, sans faire une plus longue digression, à la constatation de cette vérité que, pour chaque homme, la question est celle-ci : manger ou mourir de faim.

Oui, mon cher Jacques, chacun mange, en ce monde sublunaire.

Ton curé lui même, ce rubicond et gras chanoine qui te parle toujours des joies immatérielles de son Paradis céleste et qui, dans ses homélies, paraît tant mépriser les biens et les plaisirs de la terre ; ton curé lui-même mange, comme toi et moi ; il fait même, au besoin, le cher homme ! ses trois ou quatre repas par jour, ne crachant pas plus qu'un autre sur les bons morceaux et sur le bon vin

Ton maître, le haut et puissant seigneur de ton village, celui devant lequel tu trembles encore et dont tu laboures et fais fructifier les terres à la sueur de ton front ; ton maître, pour qui les socialistes sont des gredins bons à fusiller ou à déporter, et aux yeux duquel j'ai sans doute grand tort de tant faire cas pour les pauvres de la question de manger, ton maître, non plus, ne la néglige pas, cette question, lui qui se repaît de beaux fruits, d'excellent gibier et de bon pain blanc, tandis que tu n'as souvent, toi, pour toute nourriture, que des châtaignes bouillies ou qu'un méchant morceau de pain noir et dur, quelque fois moisi, comme celui que l'on jette en pâture aux cochons et aux chiens de M. le comte ou de M. le marquis.

En te disant cela, je me hâte de l'ajouter, je n'ai nullement l'intention de blâmer ton maître ou ton curé. Bien loin de là, mon cher Jacques ; car, ne croyant pas l'homme mis dans une « vallée de larmes » pour gagner, à force de privations, un paradis imaginaire, j'estime que ceux qui peuvent vivre honnêtement en épicuriens ont mille fois raison de mettre à profit la bonne chance qui leur est échue en partage, et qu'ils auraient grand tort de jeûner. Il y a bien assez de ceux qui jeûnent par force ! Je constate seulement en passant, — et pour répondre à ceux qui te prêchent l'abstinence sans la pratiquer, ou qui croient que ton estomac n'est pas aussi bien fait que celui des autres pour apprécier et digérer des mets soignés et délicats, — je constate seulement en passant, dis-je, un fait que j'ai eu l'occasion de voir plusieurs fois et que chacun pourra vérifier quand il le voudra, en allant, dans ta chaumière, s'asseoir à ton humble table.

Je ne fais pas plus un crime aux heureux des jouissances matérielles qu'ils se procurent, que je ne te fais, à toi, un mérite ou une vertu de ta frugalité forcée. Il n'y a là, matière ni à louange, ni à haine ou mépris, de part ni d'autre. Il y a seulement la constatation de ce fait universel, que chacun mange, que nul ne peut vivre sans manger et que c'est là une vérité que nul ne peut nier.

J'estime, mon cher Jacques, que, quand on te parle, on doit te dire toujours clairement, nettement et sans ambages ce que l'on croit être la vérité, quelque désagréable que celle-ci soit pour toi et quelles que puissent être pour celui qui te parle les conséquences de sa franchise.

Or, la vérité, à mes yeux, c'est qu'ils se trompent étrangement, ceux qui rêvent pour l'homme une société dans laquelle, dédaignant toutes les matérialités de l'existence, chacun ne s'occuperait que de théories morales, de systèmes philosophiques, de conceptions plus ou moins spiritualistes, de rêveries artistiques.

Cela serait peut-être très bien et très bon, si l'homme pouvait vivre de l'air du temps et se loger dans les branches des arbres, comme y perchent les oiseaux. Mais l'homme n'est pas un pur esprit, bien loin de là ; c'est un être tangible et matériel, très matériel même, et soumis à toutes les lois de la matière.

C'est donc folie que de rêver pour lui une société avec des coutumes pareilles à celles que pourraient avoir des anges, si ces êtres fantastiques existaient ailleurs que dans l'imagination des croyants à la mythologie chrétienne, car, loin d'être un ange, l'homme est bien plutôt un loup.

Oui, — et ce n'èst pas moi qui invente cela, mon cher Jacques, car il y a longtemps qu'on l'a dit, —l'homme est à lui-même un loup, un véritable loup, ne cherchant qu'à dépouiller, qu'à dévorer son semblable.

C'est là ce que fait l'homme, c'est là ce que font les peuples, se combattant, s'entredéchirant, s'entretuant depuis les siècles les plus reculés.

Plus barbare encore que Saturne qui dévorait ses enfants, l'humanité se dévore elle-même. et elle continuera de se dévorer ainsi jusqu'au jour où, la question sociale étant enfin résolue partout selon la science et la justice, l'âge de paix pourra succéder aux âges de guerre.

La grande question pour l'homme étant de s'assurer des moyens d'existence, celui qui possède veut conserver, et celui qui n'a rien veut acquérir. Voilà, en quelques mots et sans voile, le véritable but des luttes de la vie, le réel, le seul pourquoi de toutes les guerres, aussi bien des guerres de conquête que des guerres dites sociales, mais principalement de celles-ci, qui ont toujours été et seront toujours, tant qu'on n'aura pas su y mettre fin, les plus meurtrières, les plus acharnées, les plus terribles.

Or, il n'y a qu'un moyen d'éviter ces dernières, c'est de les rendre inutiles, par une équitable répartition des choses, c'est-à-dire des charges et des jouissances de la vie, des droits et des devoirs.

Aussi faudrait-il vulgariser et rendre effective, dans la pratique générale de la vie de tous, cette sage et noble devise : PAS DE DROITS SANS DEVOIRS, PAS DE DEVOIRS SANS DROITS.

Et, en effet, en vertu de quel principe jouirait-il de droits, celui qui s'affranchirait de ses devoirs et refuserait de les pratiquer? Et aussi, par contre, en vertu de quelle loi imposerait-on des devoirs à celui que l'on priverait de ses droits? En vertu de la loi du plus fort, peut-être?

C'est très bien; mais, dans ce cas, que le plus fort d'aujourd'hui tremble devant le plus faible, car celui-ci peut devenir demain le plus fort à son tour; c'est alors à charge de revanche, et la vie de la société ne se passera plus qu'en représailles perpétuelles. Ce sera un véritable retour à l'état sauvage.

La privation des droits ne peut et ne doit jamais être autre chose que la conséquence, l'expiation d'un manquement au devoir. Tel est, par exemple, l'emprisonnement la privation de la liberté pour ceux qui, ayant abusé des droits de cette liberté, ont failli aux devoirs que celle-ci impose et porté atteinte aux droits ou à la liberté d'autrui. Mais, hors ce cas, tout homme qui remplit ses devoirs doit jouir de tous ses droits, comme tout homme qui jouit de ceux-ci doit remplir ceux-là.

Telle est la base sur laquelle repose la solution de la question sociale

Quand ces droits et ces devoirs de chacun seront bien définis, bien compris et bien pratiqués par tous, la, question sociale n'existera plus Mais, jusque-là, elle continuera de s'imposer, quoi qu'en disent ceux qui la nient ou la tranchent à coups de canon, et ceux qui, voulant tout à la fois ménager la chèvre conservatrice et le chou démocratique, c'est-à-dire le peuple et la bourgeoisie, prétendent que la question sociale n'est que secondaire et la font passer après la question politique.

A entendre ces derniers, généralement tous plus ou moins autoritaires et fonctionnaires publics en expectative ou en disponibilité, la question de la forme de gouvernement est la seule chose dont il y ait lieu de s'occuper, et le peuple doit se déclarer satisfait, il doit ajourner tous ses projets, renoncer à toutes ses revendications et ne plus faire entendre aucune plainte, dès que la République est proclamée, comme si ce mot était magique et comme si la République était le but final, le terme après lequel il n'y a plus rien.

Eh bien, non ! et, ainsi que tu vas le voir, mon cher Jacques, c'est là une grave erreur. La République n'est pas le but, elle n'est que le moyen, un des moyens.

Le but, c'est la solution de la question sociale, c'est-à-dire la suppression de la misère et du prolétariat.

Dans la pensée des néo-jacobins, des républicains formalistes, qui, négateurs des question sociale, partisans de la Républiqua une et indivisible et d'un pouvoir central foeltement constitué, laissent subsister les préfetr et le conseil d'Etat, la République a pour but de donner au peuple les libertés politiques refusées ou combattues par les diverses monarchies.

C'est très bien, mais ce n'est pas assez pour toi, mon cher Jacques. Sans doute, tu dois désirer, tout comme un autre, que la presse soit libre et que les fonctionnaires publics soient responsables des abus de pouvoir dont ils peuvent se rendre coupables. Mais il te faut encore autre chose avec cela. Il te faut surtout la possibilité de gagner convenablement ta vie en travaillant et de t'affranchir de l'exploitation des détenteurs du capital, afin que, de prolétaire ou simple serf salarié des hauts barons de la féodalité financière et industrielle, tu deviennes enfin travailleur associé, ayant ta part légitime dans les richesses produites à la sueur de ton front.

Voilà ce qu'il te faut, à toi, mon ami Jacques, désireux de travailler enfin un peu pour toi-même, tout en travaillant pour les autres.

Or, ce ne sera jamais la prétendue République conservatrice qui te donnera cela.

*
* *

Le socialisme n'a pas pour but, comme le prétendent à tort ceux qui l'attaquent sans s'être donné la peine de l'étudier, de dépouiller ceux qui possèdent pour enrichir les pauvres avec les biens enlevés aux riches. Ceux qui disent cela mentent ou se trompent, et tu aurais tort, mon cher Jacques, d'ajouter foi à de telles paroles, car elles sont le contraire de la vérité.

Ce que veut le socialisme, — qui n'entend

pas plus enrichir le pauvre avec les dépouilles du riche que permettre à celui ci d'arrondir sa fortune aux dépens des travailleurs,—c'est l'équitable répartition entre tous les agents producteurs, et en raison de la somme des efforts de chacun, des bénéfices résultant des choses produites par ces agents, afin que quelques rares privilégiés n'aient pas tout, tandis que la masse des autres n'a rien.

Quoi d'injuste et de subversif à cela?

Oh! je comprends parfaitement que la perspective d'un semblable état de choses déplaise à ceux qui sont habitués à accaparer et à garder pour eux seuls les bénéfices du travail d'autrui; je comprends que ces écumeurs fassent tous leurs efforts, qu'ils excitent les gouvernements à employer tous les moyens possibles et imaginables, le fer et le feu, au besoin, la prison et la déportation, pour empêcher le triomphe du socialisme, dont l'avénement serait celui de la justice. Mais je ne comprends pas qu'ils insultent et calomnient ceux qui rêvent et appellent de tous leurs vœux cet état de choses. Les injures et les calomnies, d'ailleurs, n'ont jamais rien prouvé et ne prouveront jamais rien à l'égard de ceux contre lesquels on les emploie. Il serait donc temps de renoncer à ce système de lutte et de polémique.

Mais, si ceux qui possèdent trouvent bon de conserver ce qu'ils ont, ils ne peuvent, sous peine d'être injustes, trouver mauvais que ceux qui n'ont rien, et grâce au travail desquels les autres s'enrichissent, veuillent enfin acquérir et posséder à leur tour, non ce qui ne leur est point dû, mais ce qu'ils gagnent réellement.

Si, chez les prolétaires, le désir de posséder un jour est un crime aux yeux des conservateurs enrichis, ceux-ci doivent reconnaître qu'ils ont été criminels autrefois, eux ou leurs ancêtres, puisqu'il y a eu un moment où eux ou leurs ancêtres ne possédaient rien, aucun enfant ne venant au monde en tenant des titres de rente ou des immeubles entre ses mains. Que l'on remonte, s'il est possible, à la source, à l'origine des familles actuellement les plus opulentes, et l'on trouvera une époque où ces familles étaient elles-mêmes dépourvues de tout bien.

Or, ce qui a été permis à ces familles ne peut être prohibé aux autres, et le peuple des travailleurs, en cherchant à secouer le joug de la misère, est mille fois dans son droit.

Mais comment le peuple, sans cesse courbé sur une tâche quotidienne souvent ingrate, pourra-t-il acquérir, de manière à conquérir l'indépendance et le repos pour ses vieux jours, tout en élevant convenablement ses enfants ?

Là est le problème.

Quand la solution sera trouvée et appliquée, la question sociale sera résolue.

Mais comment se trouvera cette solution ? Est-ce en incendiant les châteaux ? Est-ce en faisant appel à l'insurrection et aux coups de fusil ?

Non, mille fois non !

Bons peut-être pour résoudre certaines questions politiques passagères, pour renverser certains gouvernements oppresseurs devenus odieux et insupportables, l'insurrection et les coups de fusil, qui sont toujours un droit et parfois un devoir pour les peuples courbés sous le joug de la tyrannie, sont impuissants pour résoudre la question sociale. Seuls, le travail et la science peuvent donner cette solution, que le peuple doit demander à lui-même, et non point à ses gouvernants, aux politiques et aux tribuns, lesquels, en général, ne sont bons qu'à faire des phrases ou à édicter des lois de répression.

L'affranchissement, l'émancipation des travailleurs, aussi bien de ceux de la campagne que de ceux des villes, doit être l'œuvre des travailleurs eux-mêmes, et non point celle de gens qui, vivant en dehors de leur sphère, n'ayant jamais vu leurs femmes et leurs enfants sans pain, sans vêtements et sans souliers, n'ayant jamais su ce que c'est que d'être chassé par un propriétaire réclamant son loyer, n'ayant jamais, enfin, connu la lutte de la misère, ignorent les souffrances et les besoins de ceux qui n'ont que leurs deux bras pour tout instrument de fortune.

Les hommes qui font de la politique un métier, un moyen d'avenir, une spéculation lucrative et pour lesquels tout est bien, la solution de la question sociale se trouvant acquise pour eux dès qu'ils ont une fonction publique quelconque, dès qu'ils sont ministres, préfets, sous-préfets, procureurs de la République, commissaires de police ou quoi que ce soit dans la machine gouvernementale, ces hommes-là ne comprendront ou ne voudront jamais rien comprendre au socialisme, dont ils sont, au fond, sciemment ou non, les ennemis naturels. la tendance et les intérêts du socialisme étant de réduire le plus possible le nombre des parasites budgétivores consommant sans produire. pour augmenter le nombre des travailleurs réels, de ceux qui ne consomment qu'autant qu'ils produisent.

Tu n'as donc pas, ami Bonhomme, à compter sur les politiciens pour te tirer d'embarras, au contraire, car, songeant plus à leurs intérêts qu'à tes droits, ils te mettraient plutôt dans le pétrin, en te lâchant bravement au moment du danger, comme cela ne leur est que trop souvent arrivé jusqu'ici.

Donc, si, las de travailler pour enrichir des patrons, qui souvent te méprisent et t'insultent, tu veux, mon cher Jacques, voir un jour résolue pacifiquement et sûrement la question sociale, voici ce qu'il te faut faire :

Réunis-toi le plus souvent et en plus grand nombre possible avec tes frères, et, ensemble, étudiez les voies et moyens à employer.

Quand vous serez enfin d'accord, nommez, aux prochaines élections générales, des députés pensant comme vous, mettant leur conduite privée en harmonie avec leurs principes et ayant mandat de faire des lois réalisant dans la pratique les voies et moyens que vous aurez adoptés.

Alors, faite par vous, la légalité, que l'on

invoque aujourd'hui si souvent à votre encontre, sera pour vous; et, à votre tour, vous pourrez vous en servir contre les rebelles qui vous feront violemment résistance.

Vous êtes le nombre en fait, devenez; — cela vous est facile, si vous le voulez fermement — la majorité en droit, et la toute-puissance sera à vous.

Il y a déjà un moyen à pratiquer dès maintenant: c'est l'association, la coopération.

Malheureusement, plusieurs fois essayé par quelques-uns, n'ayant pas toujours complétement réussi et ayant trompé les espérances de ceux qui y avaient le plus de foi, ce moyen se trouve renié et abandonné par beaucoup de tes frères.

C'est un tort, car le moyen est bon, et, s'il a échoué parfois, c'est qu'il n'a pas été mis en pratique comme il aurait dû l'être.

Sais-tu, mon cher Jacques, ce qui vous manque, à toi et à tes frères, pour faire réussir les associations ouvrières?

Il vous manque précisément, — pourquoi hésiterais-je à te le dire? — l'esprit de solidarrté et d'association, la connaissance des iuoits et des devoirs réciproques dont le respect et l'accomplissement constituent les vertus et font la force de l'associé.

Oh! je ne t'en fais pas un crime et ne t'en rends point responsable, car ce n'est point ta faute, cela étant la conséquence du système dans lequel tu as été élevé par les divers gouvernements monarchiques qui se sont succédé.

Dans notre société du *chacun pour soi*, l'égoïsme est devenu la règle générale, et nul ne pense guère à autrui, chacun ne voyant dans le prochain qu'un ennemi, qu'il est avantageux ou licite de tromper le plus possible.

Or, pour que les associations ouvrières puissent produire et donner des résultats qui permettent aux travailleurs de sortir de la situation précaire que leur fait le salariat, il faut que la maxime et les coutumes du *chacun pour soi* disparaissent et fassent place à celles du *chacun pour tous et tous pour chacun.*

Il faut que, en entrant dans une association, les travailleurs renoncent aux habitudes nées de l'antagonisme qui existe entre patrons et ouvriers, et que chacun des associés donne consciencieusement à la société la meilleure et la plus grande somme de travail dont il est capable. Il ne s'agit plus là d'en faire le moins, mais, au contraire, le plus possible, afin que, par le produit des efforts de tous, la part de bénéfice de chacun se trouve naturellement augmentée.

Mais, disent ceux des républicains formalistes qui nient la question sociale, cela, nous l'admettons et le voulons, puisque, dans notre programme, nous demandons la liberté de réunion et d'association. Quand nous serons au pouvoir, les ouvriers pourront donc, sous notre république sans épithète, se réunir et s'associer librement comme ils l'entendront, sans avoir le moins du monde à s'inquiéter de demander au gouvernement des autorisations que celui-ci accorde ou refuse au gré de ses caprices.

Cela est vrai, et c'est pourquoi les travailleurs doivent veiller au maintien de la République et faire tous leurs efforts pour conserver celle-ci, alors même qu'elle n'existe encore que de nom.

Ainsi que je te l'ai déjà dit, ami Bonhomme, sans être le but, la République est le moyen et le chemin, le seul chemin, car jamais aucune monarchie, — fût-ce même l'empire prétendu libéral et s'amusant à faire du socialisme césarien, — ne pourra permettre la solution de la question sociale. Ceux qui ont cru de bonne foi, — s'il en est, — à la possibilité de cette solution par l'empire se sont trompés et ont fait fausse route.

Mais ils se trompent également, ceux qui croient que la liberté seule suffit pour résoudre le problème social et mettre un terme à la misère, à l'exploitation léonine du travail par le capital.

Tu vas en juger toi-même, mon cher Jacques.

Nous voici, je suppose, en pleine et vraie république radicale. Toutes les libertés existent réellement et les ouvriers peuvent, sans contrainte, se réunir et s'associer, pour travailler en vue d'un partage proportionnel des bénéfices collectifs.

C'est très-bien.

Mais, pour travailler, les bras ne suffisent pas: il faut aussi des instruments de travail, des outils et des matières premières.

Or, ces choses ne s'acquièrent qu'avec de de l'argent,

Il faut donc que, pour utiliser leurs bras, les travailleurs aient aussi un capital à mettre en commun.

Mais s'ils n'ont pas ce capital, ce premier élément qui doit leur permettre d'utiliser leurs bras, sera-ce la seule liberté de réunion et d'association qui le leur donnera, qui le leur procurera ?

Non, certes, et la liberté d'association ne sera pour eux, en définitive, que la liberté d'associer leur misère.

Or, la misère des uns associée à la misère des autres ne produit pas un sou de capital.

L'on répond que le capital, qui finirait par s'annihiler s'il restait toujours inactif et ne se reproduisait pas par le travail, viendra de lui-même en aide à celui-ci, en s'y associant naturellement, sans qu'on l'y contraigne et conduit seulement par son propre intérêt.

C'est possible ; mais le contraire l'est également.

Il peut arriver, en effet, que les capitalistes, ayant aussi pour eux la liberté de réunion et d'association, s'entendent entre eux pour se mettre en grève, c'est-à-dire pour refuser pendant un certain temps le concours de leurs capitaux au travail.

Or, cela arrivant, il se produira ce qui déjà se produit chaque fois qu'ont lieu les coalitions de patrons, alors que ceux-ci, refusant de céder à des demandes d'augmentation de salaire et résistant aux réclamations de leurs ouvriers, ferment tout-à-coup les portes de leurs ateliers.

Dans ce cas, les ouvriers associés ne seront ni plus heureux ni plus avancés que les ouvriers isolés et salariés.

Combattus par la misère, aiguillonnés par le besoin de manger et pressés par le désir de donner du pain à leurs familles, les ouvriers associés seront obligés de renoncer à l'association, dont la liberté n'existera qu'en vain pour eux, comme les ouvriers isolés et salariés sont souvent aujourd'hui obligés de renoncer à de légitimes prétentions, malgré la prétendue existence de la soi-disant liberté de la concurrence, laquelle n'est en réalité pour eux qu'un vain mot, quand elle n'est pas une liberté meurtrière.

Vouloir faire de la loi de l'offre et de la demande, — comme le prêchent les économistes et les républicains formalistes, — la base unique et absolue des rapports sociaux d'échange entre les ouvriers et les patrons, entre le travail et le capital, c'est faire de celui-ci le tyran, l'oppresseur perpétuel de celui-là, et condamner, finalement, le travailleur déshérité de la fortune à mourir de faim, sous la libre et toute-puissante coalition des intérêts opposés aux siens.

En effet, ayant de l'argent par-devant eux et, par conséquent, le temps d'attendre et les moyens de vivre dans l'inaction, les détenteurs du capital qui refuseront de se prêter aux associations ouvrières resteront toujours les maîtres de la situation. Et si ce refus se généralise, s'il obéit à un mot d'ordre, les capitalistes tiendront entre leurs mains la vie des travailleurs, qui se trouveront toujours, sous la République comme sous la monarchie, forcés de céder et de courber la tête devant les exigences des possesseurs du nerf de toutes choses, aussi bien du travail que de la guerre.

La question sociale n'est donc point entièrement résolue par le seul fait de la solution de la question politique et par l'obtention des libertés de réunion et d'association.

Avoir ces libertés, c'est bien ; mais ce n'est pas encore assez. Faut-il, au moins, pouvoir en jouir.

Or, tu viens de voir, mon cher Jacques, que, si le capital refuse de s'unir au travail, l'ouvrier ne peut jouir de la liberté d'association, qui devient pour lui comme si elle n'existait pas. Il se trouve alors dans le cas d'un homme auquel on dirait, après lui avoir coupé bras et jambes :

« Tu es libre de marcher, de courir et de faire tout ce que tu voudras. »

Jolie liberté que celle qu'il aurait là ! et comme il pourrait en profiter !

Eh bien ! c'est là tout ce que feraient pour le peuple des travailleurs les républicains formalistes, négateurs de la question sociale et adversaires du socialisme.

Comment donc s'y prendre, me demanderas-tu, pour résoudre la question sociale, si la liberté seule est impuissante à le faire ? Faut-il donc y faire intervenir l'Etat ?

Eh bien, oui ! dans une certaine mesure et en concevant l'Etat autrement que ne le comprennent les partisans de la République unitaire et centralisée.

Mais, me diras-tu, l'Etat, qui ne se fait déjà que trop sentir, ne doit pas se substituer à l'individu, se changer en Providence et se faire entrepreneur de quoi que ce soit. Il n'exerce déjà que trop de monopoles, et ne doit pas se charger de diriger toute l'activité nationale ni de lui fournir les aliments nécessaires. C'est bien assez qu'il soit fabricant de poudre, de tabac et de je ne sais quoi plus, sans le faire devenir encore maçon, menuisier, serrurier, chapelier, cultivateur ou quoi que ce soit.

Sans doute, et tu aurais raison de te récrier, si l'on demandait que l'Etat devînt patron à son tour et se mît à créer partout, à titre définitif, des ateliers nationaux à l'instar de ceux de 1848.

Mais il ne s'agit pas de cela du tout, ainsi que tu vas le voir tout l'heure, et le rôle d'intervention que l'Etat pourrait jouer dans la solution de la question sociale n'a rien qui ressemble à celui d'un patron.

Cette intervention de l'Etat dans le règlement de la question sociale, qui semble une idée si subversive, qui effarouche et alarme si fort les intérêts conservateurs, n'innove pourtant rien et n'a absolument rien de neuf. Elle existe déjà pour certaines exploitations collectives, et tout au profit des capitalistes.

Et sinon, est-ce que l'Etat n'intervient pas,

non-seulement comme prêteur direct, en accordant des subventions, mais encore comme caution, en garantissant le paiement de certains intérêts, dans le capital des chemins de fer ?

Eh bien ! quel mal y aurait-il à ce que l'Etat fît pour les ouvriers et pour les paysans, dans l'intérêt du développement, de la généralisation et du succès des associations ouvrières et agricoles, ce qu'il fait pour les chemins de fer, dans l'intérêt des capitalistes ?

Ah ! sans doute, si l'Etat devait rester à perpétuité ce qu'il est actuellement, un pouvoir indivisible, tenant dans ses mains, grâce à une centralisation excesssive, toute la vie de la nation, il pourrait y avoir danger, pour la fortune et les libertés publiques, à en faire le grand et unique dispensateur des commandites aux associations ouvrières et agricoles, car l'on risquerait alors de retomber dans le socialisme césarien.

Mais l'Etat ne sera pas perpétuellement ce qu'il est aujourd'hui. Il viendra une époque où, — les idées et les principes du fédéralisme ayant pacifiquement conquis le monde ; où les Ligues, vainement essayées dans le Midi et dans le Sud-Ouest de la France pendant la guerre de 1870-71, s'établissant légalement, — l'Etat ne pourra plus être oppresseur ; et, alors, ce seront les fédérations politiques qui, d'accord avec les fédérations ouvrières et agricoles, commanditeront les associations du travail.

Il me faudrait, mon cher Jacques, pour t'expliquer le mécanisme d'un tel plan, un espace qui me manque et des développements que je ne puis te donner dans cette lettre, écrite, non point dans le but ni avec la prétention de te donner la solution de la question sociale, mais pour t'indiquer que cette question existe, et surtout pour t'inviter à ne pas la négliger, à l'étudier, au contraire, très-sérieusement, car c'est particulièrement toi qu'elle intéresse et qui dois la résoudre.

Consacre donc à cette étude la plus grande partie de tes rares heures de loisir, au lieu d'aller les perdre au cabaret, en gaspillant ton argent dans l'absorption de mauvaises liqueurs qui ruinent ta santé. Car, s'il faut manger pour vivre, il ne faut pas vivre pour manger, l'homme ayant mieux que cela à faire. A côté et au-dessus de ses appétits matériels, de ses besoins bestiaux, il a de nobles facultés d'intelligence et d'esprit, de tête et de cœur, qu'il doit constamment exercer dans l'intérêt de sa dignité, ainsi que dans celui du progrès de l'art, du bien et du juste.

L'homme vit de pain, c'est vrai ; mais il ne vit pas que de cela ; il vit aussi de liberté, et voilà pourquoi tout vrai socialiste est et doit être républicain, la liberté ne pouvant exister qu'en s'appuyant sur l'égalité et la solidarité.

Aussi, à ce point de vue, et ainsi que je crois te l'avoir déjà fait observer plus haut, ont-ils non moins grandement tort que les négateurs de la question sociale, ceux qui disent que celle-ci n'a rien à démêler avec la politique.

Les deux choses se tiennent, et la question sociale ne pourra être résolue selon la justice qu'autant que la question politique sera résolue selon la liberté, c'est-à-dire par et sous la République.

Mais je m'arrête ici, car l'espace me fait défaut, et je termine en te disant :

Etudie, mon cher Jacques, instruis-toi sans cesse, car c'est dans l'étude et dans l'instruction que tu trouveras les moyens de t'émanciper, de t'affranchir, pacifiquement et légalement, par suite de progrès successifs, non-seulement de tes maîtres, des rois et des préjugés, mais encore de ces hommes qui, beaux parleurs et saltimbanques politiques, se présentant à toi comme tes sauveurs et tes amis, ne font autre chose, sous prétexte de servir tes droits et tes intérêts, que pratiquer en grand l'art de se moquer du peuple.

Ah ! c'est un bien bel art que celui-là, et pas difficile du tout, ainsi que je te le démontrerai dans une prochaine lettre.

En attendant, mon cher Jacques, reçois ma fraternelle poignée de main et crie avec moi :

Vive la République démocratique, radicale et sociale !

AD. ROYANNEZ.

Paris, 24 novembre 1875.

EXTRAIT

DU

CATALOGUE GÉNÉRAL

DE LA

LBRAIRIE CONTEMPORAINE

31, boulevard Saint-Michel, Paris

TRIPIER. Les Codes français, 25e éd., 1875, 1 fort vol. grand-in-8, br., 20 fr. net, 16 fr.

DURAND et PAULTRE. Code général des lois françaises, 1875, 2 vol. gr. in-8, 22 fr., net, 19 fr.

DALLOZ et VERGÉ. Le Code civil annoté, 1873-75, 4 vol. in-4, br., 60 fr., net, 54 fr.

DUVERGIER. Collection complète des lois et décrets de 1789 à 1874, 76 vol. in-8, dont 2 de tables, br. 350 fr., net, 180 fr.

REVUE PRATIQUE DU DROIT FRANÇAIS, publiée sous la direction de Demangeat, Ollivier et Mourlon. Collection complète de l'origine 1856 à 1874 incl., 37 vol. in-8, br., 210 fr., net, 125 fr.

ANTHOINE DE SAINT-JOSEPH. Concordance entre les lois hypothécaires étrangères et françaises, 1847, 1 vol. gr. in-8, br., 12 fr., net, 10 fr.

ACOLLAS. Manuel de droit civil, 2e éd., 1874, 3 vol. in-8, br., 36 fr., net, 30 fr.

CHABOT (de l'Allier). Commentaire de la loi sur les successions, revue par Mazerat. 2 vol in-8, br., 7 fr., net, 5 fr.

DEMANTE. Calcul de la quotité disponibble. Paris, 1863, 1 br., in-8, 1 fr. 50. net, 1 fr. 25.

DEMOLOMBE. Cours de Code civil, 28 vol. parus, 224 fr., net, 175 fr.

DURANTON. Cours de droit françait suivant le Code civil, 4e éd.,1844, 22 vol, in-8, y compris la table, 200 f., net, 120 fr.

PROUDHON. Œuvres complètes, 18 vol. in-8, br. (Rare), 120 fr.

ZACARIÆ. Le droit civil français, traduit de l'allemand par Massé et Vergé, 1854-1860, 5 vol. in-8, 37 fr. 50, net, 33 fr.

ALLAIN. Manuel encyclopédique, théorique et pratique des juges de paix, etc., 3e éd., 1866, 3 forts vol. in-8. br., 27 fr., net, 24 fr.

BERTIN. Ordonnances sur requête, 1874, 1 vol. in-8, br., 8 fr., net, 7 fr.

CARRÉ. Code annoté des juges de paix, 1 gros vol. grand in-8, 1873, 12 fr. 50, net, 11 fr.

CHAUVEAU. Code de la saisie immobilière, 4e édit., 1872, 2 vol. in-8, br., 16 fr., net, 14 fr.

PIGEAU. La procédure civile des tribunaux de France, 5e éd., revue par Crivelli, 1838, 2 vol. in-4, br., 10 fr., net, 8 fr.

ROGER. Traité de la saisie-arrêt, 2e éd., 1860, 1 vol. in-8, br., 8 fr., net, 7 fr.

SELIGMANN. Explication de la loi du 21 mai 1858, sur les articles modifiés des saisies immobilières et sur la procédure de l'ordre, 1860, 1 vol. in-8, br., 12 fr., net, 8 fr.

ALAUZET. Commentaire théorique et pratique du Code de commerce, 1871, 2e éd., 6 tomes en 7 vol. in-8, br., 54 fr., net, 48 fr.

FEITU. Traité du compte courant, 1873, 1 vol. in-8, br., 8 fr., net, 7 fr.

GALOPIN. Traité théorique et pratique des transports, 1866, 1 vol. in-8, br., 6 fr., net, 5 fr.

GASSE. Manuel des juges de commerce, ou recueil de documents, édits, etc., concernant la jurisprudence commerciale, suivi d'un formulaire, 1866, 1 fort vol. in-8, br., 8 fr., net, 7 fr.

Paris.— Imp. V. Fillion et Cie, 18 et 18 bis, r. des Martyrs.

www.ingramcontent.com/pod-product-compliance
Lightning Source LLC
LaVergne TN
LVHW010309230826
846091LV00007BB/2799